BRIAN GAGG

DAS
80iger Jahre
WORTSUCHRÄTSEL BUCH

Bibliografische Information der Deutschen Nationalbibliothek:
Die Deutsche Nationalbibliothek verzeichnet diese Publikation in der Deutschen Nationalbibliografie; detaillierte bibliografische
Daten sind im Internet über http://dnb.dnb.de abrufbar.

Herstellung und Verlag: BoD – Books on Demand, Norderstedt
ISBN: 9783754353462

Einleitung

Auf den folgenden Seiten finden sich thematisch sortierte Wortsuchrätsel.

Um ein Wortsuchrätsel zu lösen, müssen alle jeweils aufgelisteten Worte in der darüber befindlichen Buchstabenmatrix gefunden werden. Ist ein Wort gefunden, sollte es mit einem Stift umkreist und das gefundene Wort aus der Liste gestrichen werden. Sind alle Worte aus der Liste gefunden, ist das Rätsel gelöst. Bei Schwierigkeiten ein Rätsel zu lösen, kann die Lösung ab Seite 35 nachgeschaut werden. Die zu findenden Worte sind jeweils als ganzes (d.h. immer nur in einer Richtung und ungebrochen) in der Matrix nach folgenden Regeln versteckt:

- Suchworte können sich überlagern, d.h. ein Buchstabenkästchen kann von mehreren Suchworten genutzt sein.

- Worte können vorwärts, rückwärts, horizontal, vertikal oder diagonal in der Matrix versteckt sein.

- Suchworte stehen für sich alleine und sind untereinander und/oder nebeneinander aufgelistet.

I	I	K	Y	H	Z	C	T	G	G	M	Z	Z	I	E	N	R	G	F
J	Z	X	N	U	T	Y	D	L	E	X	L	K	Q	K	L	D	D	M
R	A	K	S	U	P	N	S	Q	B	N	K	X	O	O	E	A	Z	R
M	S	C	W	P	Q	E	A	O	T	Z	E	Z	G	M	K	Y	J	A
O	S	I	A	F	L	B	Z	N	K	P	N	D	U	V	C	S	T	H
T	Q	H	S	A	C	A	A	K	Y	N	N	E	L	G	A	A	S	O
Q	V	U	T	Z	R	T	R	V	B	L	P	O	V	O	F	P	D	O
I	C	I	X	E	T	Y	R	A	S	N	D	Y	W	T	G	O	K	B
A	Q	C	I	O	G	T	E	H	O	S	D	I	A	B	G	A	Y	I
E	D	H	K	G	Z	R	M	N	C	R	E	V	Y	G	C	A	M	L
G	N	C	J	O	I	K	A	S	G	Q	A	W	L	O	S	D	L	L
J	Y	U	Z	S	R	R	M	N	T	A	K	J	C	L	S	I	G	X
E	N	U	A	W	X	R	L	B	T	B	C	R	A	X	I	P	E	I
X	J	C	X	Z	U	U	D	S	D	Q	V	J	D	L	N	Q	F	D
M	V	Y	K	T	V	L	I	A	K	N	C	F	R	V	D	U	T	O
P	I	Q	S	P	O	O	E	F	C	V	U	W	G	Q	R	L	D	F
F	C	I	I	F	I	B	Y	B	U	T	H	S	Q	J	E	A	A	D
N	E	R	E	A	B	I	J	B	D	I	X	S	N	T	Y	G	W	L
H	S	I	O	C	I	X	S	I	M	Z	K	N	T	O	O	C	F	P
U	K	Q	A	N	M	P	R	V	X	H	A	I	P	W	U	Z	B	J
K	W	G	F	W	A	C	A	G	M	X	M	Z	G	H	J	A	W	R
Q	G	U	R	J	I	D	L	V	C	R	C	D	C	Y	S	O	X	T
U	O	P	Q	P	M	S	R	E	E	H	C	A	L	A	H	R	Q	I
L	X	A	J	M	L	Y	E	C	A	L	Z	F	Q	S	E	T	Z	R

1980iger Serien

DIE BAEREN SIND LOS
BILL COSBY SHOW
CAGNEY UND LACEY
CHEERS
DUCK TALES
FACKELN IM STURM

GOLDEN GIRLS
HAPPY DAYS
KOTTAN ERMITTELT
LOU GRANT
MACGYVER
MIAMI VICE

W	M	D	E	P	J	E	E	P	X	D	Q	R	J	T	V	X	G	N
V	A	H	F	Z	I	D	B	Z	N	E	P	E	F	F	C	Z	Q	U
Y	H	J	Q	D	F	O	F	K	U	U	S	B	Q	X	F	R	P	A
F	R	Y	L	C	X	T	G	B	F	T	U	Y	W	A	F	D	S	
X	Y	C	T	C	D	P	O	Z	O	O	Z	A	P	B	K	S	O	V
G	F	S	E	K	J	N	B	R	T	P	E	Z	F	N	W	I	Y	G
P	X	U	L	O	B	G	C	X	C	O	W	R	T	B	Q	L	N	N
Q	Q	N	D	O	J	K	K	O	Q	R	Z	E	C	A	O	R	S	A
E	N	T	N	D	J	N	Z	A	Y	L	J	P	Z	Z	P	G	B	Y
T	H	S	K	L	J	E	A	L	F	V	S	S	L	O	P	C	K	I
N	G	C	K	E	W	X	N	B	R	X	U	U	O	O	A	K	L	P
S	E	U	I	O	F	S	I	H	G	R	L	N	L	K	N	I	F	P
Q	T	T	Q	P	B	N	L	B	U	E	U	K	L	A	H	A	A	X
O	T	R	T	P	K	P	O	O	G	E	S	A	I	Q	X	Y	U	A
E	S	X	K	E	W	I	T	K	V	B	W	B	S	A	W	U	A	C
U	S	L	I	E	R	U	H	X	S	M	V	B	V	R	S	X	R	L
E	O	U	N	M	S	A	E	V	O	I	Z	N	V	X	N	U	A	U
T	Z	L	A	A	M	U	G	H	M	H	E	A	R	U	X	B	I	Y
G	J	I	E	R	D	U	A	I	W	T	N	A	D	H	Y	C	D	B
I	M	C	S	Z	B	T	G	P	Z	B	E	I	N	B	R	Q	E	S
N	S	S	L	R	H	B	X	U	A	U	S	I	L	Y	Y	D	R	Y
D	R	W	O	E	H	P	T	R	A	L	E	R	X	Q	P	A	X	M
S	I	P	E	F	S	K	C	O	R	K	I	L	C	D	K	M	M	F
I	V	I	L	Z	U	C	P	N	C	B	R	L	F	B	L	D	P	R

2

1980iger Süßigkeiten

KNUSPERZAUBER
KAUGUMMI ZIGARETTEN
BANJO
BAZOOKA
HIMBEER BONBONS
STORCK RIESEN

BRAUSE UFOS
ROCKS LOLLIS
EISKONFEKT
LILAPAUSE
RAIDER
NAPPO

Z	O	J	L	O	B	T	C	T	S	K	T	S	G	G	V	W	C	P
Z	A	O	Q	C	Z	A	N	I	B	M	A	B	Y	M	C	G	D	E
Q	F	V	M	Q	X	C	S	D	Y	E	U	U	Y	H	N	Q	S	S
F	D	F	F	J	A	X	V	W	G	H	K	X	A	E	G	D	B	U
J	P	M	X	R	B	V	L	U	T	I	H	W	P	N	X	Z	P	A
N	Y	C	A	A	O	X	W	L	M	M	R	Z	E	N	G	B	X	R
T	E	M	B	A	J	N	A	Q	O	Y	Q	H	R	D	Q	D	S	B
Z	A	B	E	D	T	Y	S	B	I	I	C	N	D	E	T	I	S	J
C	U	O	J	X	N	Q	C	G	C	S	E	M	P	R	E	F	K	O
B	B	H	S	Y	U	F	E	F	R	L	O	U	E	R	Z	P	Z	H
Z	B	I	W	E	K	O	I	I	R	B	F	E	F	Y	X	R	K	A
M	N	A	Q	Q	L	X	K	E	R	F	T	F	N	G	W	G	Q	P
D	H	M	P	K	J	A	P	C	R	S	U	Z	F	V	D	M	U	A
D	R	G	U	N	X	S	M	E	P	P	N	T	C	Y	T	X	T	M
T	O	Q	N	X	E	C	I	A	R	T	V	T	Y	K	E	C	O	W
W	K	Y	K	B	H	S	P	E	E	A	B	I	I	R	E	T	E	R
S	P	N	E	L	T	A	P	X	Q	U	O	Y	V	N	P	B	R	S
J	U	I	P	A	L	S	I	P	X	U	S	Q	D	V	K	M	T	F
K	L	S	F	N	U	H	T	R	J	Z	R	E	O	R	R	R	C	K
F	C	E	Q	N	S	U	X	M	A	G	I	C	S	J	N	O	H	B
Y	L	Y	K	M	A	B	M	U	I	K	K	R	L	P	U	E	E	P
R	O	T	E	D	C	B	V	W	R	G	T	S	L	Y	E	S	N	X
J	K	G	Q	X	X	A	U	T	M	P	S	O	F	M	X	C	B	O
B	G	G	V	R	G	D	U	W	L	J	Q	T	V	H	L	R	K	A

3

1980iger Süßigkeiten

MAEUSESPECK
BAMBINA
PUFFREISTAFEL
TREETS
YES TOERTCHEN
KNUSPERPUFFREIS

AHOJBRAUSE
ROTE KIRSCHEN
CARAMAC
HUBBA BUBBA
MAGIC GUM
LIEBESPERLEN

```
N W H E K M I L K A Z D W S D X M V G
Y G Q Q C B B Q D V A X P I T G W X O K
N P R S E H F W Z W I H J G M V D H G
E X Q Y R N U E C I T L S Y V T K W P
W B A L I S T O F X U S B C C J V M T
Q P S M G K E P S D E L F K N F W O H
G V J Q T C I M M M G V U J J J Y N Y
C I S S B Y T J V F B G E O H F S V N
T O U X N L T Y Y U O Z U Q M T F E F
W Y V C Z R U O N B S T Y R U T H V N
E T H C E U R F O N I P M A C C Y V O
D O J U M W F H O T L K C Y N Y M E B
U H O J W Y I X B Z W X L I H Z A V N
T J Q V X L T N E T T E L A R T I V O
F I U N N R T Q T I T E L K F W B F B
R K P X S U U M K M T W M O J I L B H
X E C L R C T L T S Z R C J E Z A K U
T K E I E O E L U N D O A R B E E G K
P T N O I K P H S I N I K L I M T H T
B A Q O X S C I V R U F A D M W T A Q
M S O C T N I I I U Z F V R S M E V G
L N V V C H O P R M U J I B S B R R T
B L U L Z M T G S P I O X D K R F R A
X P T Z S E N E Z N E U M O K O H C S
```

4

1980iger Süßigkeiten

BALISTO
SCHOKOMUENZEN
MAIBLAETTER
CAMPINOFRUECHTE
HUSTELINCHEN
VITRALETTEN

PRICKELPIT
KUHBONBON
CURLYWURLY
TUTTIFRUTTI
MILKINIS
MILKA LEO

C	S	E	L	Q	R	S	I	J	B	C	J	N	V	R	N	H	L	L
Q	D	D	J	H	H	H	S	X	P	N	E	N	N	I	P	S	O	Z
V	L	A	V	D	K	Y	U	T	B	N	Z	L	N	M	B	C	C	R
D	O	U	N	L	U	C	A	F	O	C	N	E	E	L	I	X	A	U
G	W	D	D	V	O	C	M	B	V	L	A	I	G	H	Y	C	G	T
J	Q	V	P	O	Z	T	K	A	A	H	F	G	V	L	C	E	K	C
T	W	J	P	Q	W	Y	K	R	T	I	F	T	W	D	D	I	E	Y
J	S	E	L	F	K	G	P	R	V	L	I	U	H	U	N	L	M	I
P	R	U	A	R	V	P	R	A	N	P	N	B	O	W	T	S	W	Y
V	D	K	H	H	G	G	D	C	K	Z	V	W	Q	H	A	V	P	P
D	I	E	P	C	J	U	W	U	X	C	O	Q	J	G	G	V	R	S
J	Y	L	P	E	X	W	R	D	N	P	N	L	T	P	Y	I	B	F
D	G	G	G	N	N	O	L	A	I	N	F	L	F	D	V	D	R	J
A	S	M	T	Z	T	C	O	I	U	K	V	O	Q	O	F	I	D	D
U	B	S	C	M	Q	W	E	Z	W	R	R	X	F	X	J	G	B	D
H	G	T	X	V	H	I	R	Z	T	O	I	X	W	Z	E	J	E	U
Q	E	L	W	L	X	P	F	H	O	A	Z	T	E	N	D	T	V	K
M	T	T	K	F	O	R	P	H	E	Y	N	Q	T	S	U	L	G	O
X	E	D	W	Y	M	Q	D	N	M	A	F	L	K	C	A	Z	T	O
Q	H	A	J	O	D	L	C	K	L	N	E	X	R	M	K	T	M	I
D	S	O	S	M	A	O	H	L	Q	M	Z	H	S	M	Y	U	Q	G
E	F	C	C	N	X	Z	I	E	E	Z	Y	B	U	F	M	K	R	Q
I	H	Y	O	M	Z	A	A	N	F	U	Z	A	T	J	C	T	S	Q
I	C	D	Z	X	V	P	S	R	A	T	P	D	A	F	C	Q	P	G

5

1980iger Comics

MICKY MAUS
DONALD DUCK
YPS HEFT
GENTLEMEN GMBH
DAN COOPER

ZACK
MICHEL VAILLANT
BARRACUDA
DIE SPINNE

```
U F U E F Y W P Z F K D O U U B C U T
L T I C Y M R T B F B N M U A D R I O
P S A X J R R Y M K N A G I B O R X R
K Y K P C O T Z K F D M X N N Y W W M
I R E P U S H G X E M M U M O P R F X
F E I X L P A W F T L O M C A K B H A
K L R Y M N Y E O E V C Q J Y R B M V
U I Q M W Y N L F R D P J C O P I C C
S S J U G D Y G J R A E P U N W G O J
C S O B E S Q F I H F I P B A C P I O
R I W R L H H Y D D K B D I M Q P O C
A M Q Z S D J Q F D X W U E T U J T J
M Y Z F G A P E O B Z F U C R N E Q Q
B I Z C R G U D M J B I P O M S E Z H
L T I S O F K I C M X L O T T N P C I
E I N V A D E R S M R K K Y C P S Y R
R X L Y T F P R L Z J T E K E A P Z S
P E U D R S T A R Y A K S I M D A U H
S A G O O O O T U Z N O L V I Y C F Q
V H Q G F Y T D I O G E G D U V E C S
M E V V O K N A D R X W N G O R F X R
K I W I C R W S L X I E T O A C P D Q
Y B U M P W F I Q B O Q S Y D S A J Q
U L T P F S W P L E K D P B A I M P J
```

6

1980iger VIDEOSPIELE

STAR RAIDERS
DEFENDER
SUPER MARIO
DONKEY KONG
FROGGER
CENTIPEDE

DIG DUG
SPACE INVADERS
SCRAMBLE
PAC MAN
MISSILE COMMAND
GORF

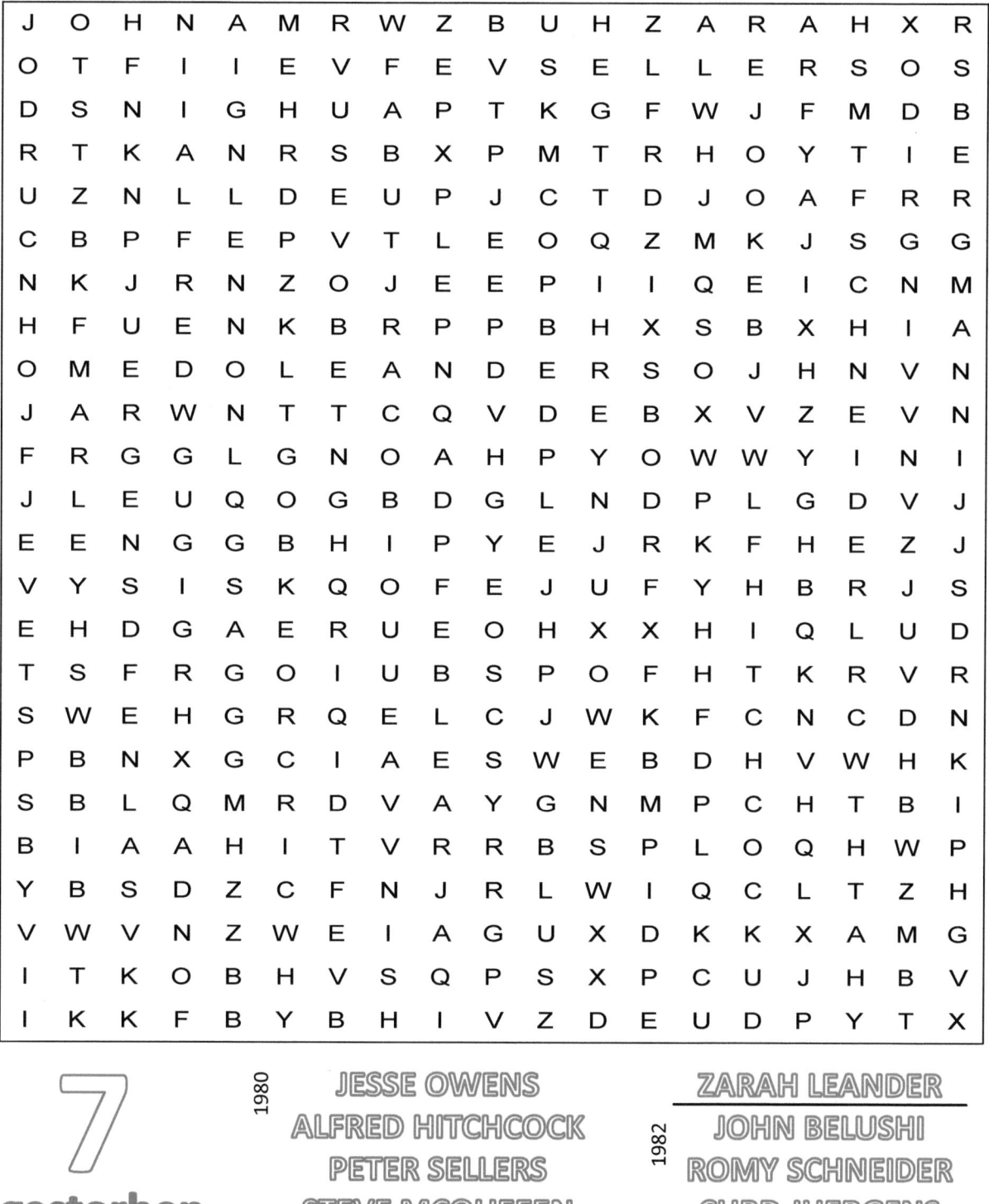

```
J O H N A M R W Z B U H Z A R A H X R
O T F I I E V F E V S E L L E R S O S
D S N I G H U A P T K G F W J F M D B
R T K A N R S B X P M T R H O Y T I E
U Z N L L D E U P J C T D J O A F R R
C B P F E P V T L E O Q Z M K J S G G
N K J R N Z O J E E P I I Q E I C N M
H F U E N K B R P P B H X S B X H I A
O M E D O L E A N D E R S O J H N V N
J A R W N T T C Q V D E B X V Z E V N
F R G G L G N O A H P Y O W W Y I N I
J L E U Q O G B D G L N D P L G D V J
E E N G G B H I P Y E J R K F H E Z J
V Y S I S K Q O F E J U F Y H B R J S
E H D G A E R U E O H X X H I Q L U D
T S F R G O I U B S P O F H T K R V R
S W E H G R Q E L C J W K F C N C D N
P B N X G C I A E S W E B D H V W H K
S B L Q M R D V A Y G N M P C H T B I
B I A A H I T V R R B S P L O Q H W P
Y B S D Z C F N J R L W I Q C L T Z H
V W N Z W E I A G U X D K K X A M G
I T K O B H V S Q P S X P C U J H B V
I K K F B Y B H I V Z D E U D P Y T X
```

7

gestorben
1980-83

```
W L C H L P J M K G W I G T S Q Q S U
T O G E L U M U R E E S L T H X L M G
A S R R K S T A W H V E J E C F J L B
T U A G E Y C K R H L L I H R Z L J S
I T N E L E Q W S C Y N A O B E A I E
O R T E L Z E Y V M R G L H O Q U J B
Q E K I Y L U J V I A Q A B U O U R N
N B D V L E B S C L M K B E L G U E N
P R C E B U L H L V J I S X B N M O F
J E S B E K V A N A E D G E N I S A C
J H Y X Q Q N O S D U H Y E N R U T U
Y Q N M A E E B D L H G R Q O U O T H
Y G R P V W V D E H Z J A R S X F U A
U L A W D C Y C M Z A B I R H U K K B
L Y V V V D Q K Y N X I H K M V J A G
P W J O S E P H W X C W L O T L H J M
B L O L E H F G M F K D C H L K N L K
J G R F U B Q Q K C Q T W V Q P C N B
M E P Y G N D W G H K T A C V L A L D
O W V N B B H E D G Z U M D F R H I B
B K E T D M X Y E Z L X Q R F Y E W E
C C R O C K Q V E U D L L K W O D I N
D H U Q G F J M N P E U I D Y M O R R
U Z O Y R A C H B U X S A H H Y J O R
```

gestorben 1984-86

GRACE KELLY
JAQUES TATI
LOUIS DE FUNES
HERGE
MARC CHAGALL
HEINRICH BOELL

1983

1985
ROCK HUDSON
YUL BRUNNER
ORSON WELLES

1986
JOSEPH BEUYS
FRANK HERBERT
CARY GRANT

I	D	U	J	P	C	O	J	S	C	Z	V	D	M	B	T	M	B	A
N	E	C	J	S	W	N	P	O	T	Y	T	H	Q	M	J	J	Z	U
I	R	A	S	T	A	I	R	E	D	F	S	N	I	V	K	A	H	W
E	F	F	E	W	V	V	L	R	R	E	A	M	S	F	G	A	T	N
M	A	M	G	I	A	H	A	O	R	M	R	L	E	S	E	M	Z	O
O	K	X	Z	Q	E	H	E	G	S	I	G	S	B	U	U	N	R	S
H	S	B	X	R	N	B	I	A	T	E	O	H	X	X	A	P	U	I
C	L	Q	B	R	E	O	L	A	R	J	I	T	P	R	K	C	H	B
B	B	E	E	K	K	V	L	T	U	B	I	R	F	H	I	D	O	R
F	R	B	G	F	A	P	A	Q	T	S	Y	O	N	E	F	J	L	O
T	J	U	Y	D	D	G	H	A	N	D	Y	W	L	E	L	N	L	A
G	G	H	O	S	X	C	T	D	V	S	G	Y	V	I	U	G	A	Y
G	J	R	O	K	Z	C	N	B	F	H	I	A	E	V	V	S	H	E
W	N	B	O	N	C	V	E	I	L	A	D	H	T	X	X	I	S	J
A	S	B	A	D	U	X	S	T	O	U	G	B	W	X	G	D	E	D
R	S	D	X	E	N	P	O	Z	C	Q	V	R	I	O	O	X	M	R
H	U	J	F	L	A	U	R	E	N	C	E	R	Z	O	Z	S	F	M
O	A	E	I	K	J	L	U	O	N	W	H	P	R	I	X	R	Z	L
L	R	N	M	I	A	E	H	L	B	J	E	Y	G	V	M	Y	L	S
U	T	O	L	A	R	W	O	L	F	G	A	N	G	W	I	E	C	L
D	S	E	Z	S	A	S	Q	V	O	Y	S	G	F	U	I	I	K	J
M	M	L	T	M	K	D	N	L	N	Y	Y	Y	G	K	X	G	S	O
N	A	C	J	H	V	T	R	A	L	Z	M	S	O	P	S	J	P	S
H	I	O	J	Z	Z	C	D	Z	H	J	Q	A	X	R	E	Z	U	V

9

gestorben 1987-89

1987
HANS ROSENTHAL
ANDY WARHOL
BERNHARD GRZIMEK
RITA HAYWORTH
FRED ASTAIRE

1988
GERT FROEBE
FRANZ JOSEF STRAUSS
ROY ORBISON

1989
SALVADOR DALI
SERGIO LEONE
WOLFGANG NEUSS
RUHOLLAH CHOMEINI
LAURENCE OLIVIER
HERBERT VKARAJAN

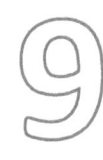

```
L K K U J A U M A C I N T O S H J O M
E D U F G T E L L I A D E M D L O G G
N R E A G A N Y F W A Y I U E G H T R
T L P C O A D O V D G S T N F L N G U
F E K F M R N H X I D E N T H D P Y E
U F U G V E A A S I M O I B J O E R N
E R D E A H D S A P N E U T X I A T D
H E U I J C I I O Z Z U A W F R Z H U
R U W R A E Z Y A H G N T A O R Z C N
U W A K R U E N C N K Z T N W E O I G
N R H D G B F O P E A T A I M K M L C
G E L N N E H T N W I L R R O C O F T
C B R A I G E G R R D E S A D U R P G
O U U L K A S I T E F H O T E Z D L N
M A S K L T U K N U T C X A R N H L U
M Z X L A J C T G F W E D K N O C A L
O V S A T E R B O R U I N W L R W N L
D O A F U E D E L F U E T F O K J H E
O G E R D P B Y C E A E H T S R B C T
R E R S T E R T A N I H N R D M O S S
E C Z K F Y P T S F E F R D U A R N R
C B T H J A G Y V X C P R E U N G A O
W T E Y Q A O D H V U H S E R N G X V
V I E R U N D S E C H Z I G I N G S X
```

10 1980iger Ereignisse

1980
KRONZUCKER ENTFUEHRUNG
JOHN LENNON MORD
ZAUBERWUERFEL HYPE
RONALD REAGAN WAHL
ERSTER PC

1981
AUFTRETEN AIDS
VORSTELLUNG CD
DIANA SPENCER
HOCHZEIT

1982
FALKLANDKRIEG
COMMODORE
VIERUNDSECHZIG
GRUENDUNG AERZTE
BLEIFREI TANKEN
TEMPO DREISSIG

1983
BJOERN BORG
RUECKTRITT
KUJAU
TAGEBUECHER

1984
MACINTOSH
EINFUEHRUNG
ANSCHNALLPFLICH
AUTOFAHRER
KATARINA WITT
GOLDMEDAILLE
MODERN TALKING
GRUENDUNG

E Z O Z W R M P O C S Z F V U M E G T
H V G E N S B U V J Y N V S E X Q V T
P R N B I T E M P O L I M I T D I H J
O E U P L A T Z O O A G Z K C A R W G
R U R E W A B N G T K S Z R E K C E B
T A H G U V E M I F F R X U T Y G F V
S M E O R U G Z T Z S Z P O R I B F S
A R U T T S P Y T G N T M W A O R U W
T T F T X S A W L I Q E A E T V H E H
A C N S F N C L E L T H B R S P J F D
K K I C V V W H L E S A R I T Y Q H T
Q L E H G E C I E A S A N U E O O M O
N T X A H A R J M R F S I I S L D B Z
V A W L M X H B C B N R A H C T B X T
D T G K J A H N O X L O O D T O H L C
I Z G N U K C E D T N E B V G A M E Q
A K I O R T S E R E P J D Y M P M C G
K L A B X X H O I L D Z P O L K N C A
U H S M T D I H W E T T E N N T N W G
C I Z W Y W M U R E T O R Y V U K P I
L O Q B G J C W G L E H C S R A B K M
P L D L E G S G N U S S E U R G E B A
G L A S N O S T A F F A E R E Q H O E
T I H F J T I R R E G N E L L A H C B

11

1980iger Ereignisse

1985
AMIGA START
BECKER WIMBLEDON
ENTDECKUNG
WRACK TITANIC
GLASNOST PERESTROIKA
TSCHERNOBYL VORFALL
1986
CHALLENGER
KATASTROPHE

1987
MATHIAS RUST
ROTER PLATZ
BARSCHEL
AFFAERE
WETTEN DASS
GOTTSCHALK
1988
VERBOT BLEIBENZIN
DAX EINFUEHRUNG

1989
AVUS TEMPOLIMIT
FALL DER MAUER
GAME BOY START
BEGRUESSUNGSGELD

```
R A S T E R F A H N D U N G T F Q M X
T M S M B V G O H S I T F U R G H F T
H D T A F B H R X E H Y O U T G X N A
Z K U U V E N R U B R N N H V V O I I
T Y N E O N A Z I E H B S G N J M F L
C T H R Q D P Z M N V S U Z S R L G
Y T S F L A G W W N C E L T K L O R N
U M I A O Y B M X P H L J Z Y P F E E
P C P L A D T F F I L F S B S R E I B
P R U L D D H L O O P A O O C I R S R
I E Z A E B J O E L H N B T H V S E E
E P D T D K K S T U R V U U U A T F T
S P O S G P U J S E C Z T A L T I R S
N O M W D N L N H U I O T T T F E E D
G P T S G A P C D M B S E L E E H I L
T Z S M U T S D H W O E R E R R D H A
I Y A C V T C K B H R O B W P N N E W
K O N D O M A G V E E Z E M O S U I Z
I X N W U K T U S H A Q R U L E S T W
D T T X E W E S C T E K G F S H E X R
T I H V E Q I X N C A O X O T E G L E
T F W F Q E Q R A U L F B C E N J I O
C H I K H T Y L F Q C Q U Y R T O T L
N N K A E R F R E T U P M O C K Z F G
```

12

1980iger Schlagworte

RASTERFAHNDUNG
NULLLOESUNG
HEISSER HERBST
UMWELTAUTO
TSCHERNOBYL
KONDOM
MAUERFALL

GESUNDHEITSREFORM
REISEFREIHEIT
WALDSTERBEN
NEONAZI
GRUENE
COMPUTERFREAK
POPPER

YUPPIES
AEROBIC
GRUFTIS
NDW
BUTTERBERG
PRIVATFERNSEHEN
SCHULTERPOLSTER

M	S	C	Q	P	X	Q	C	X	C	J	N	U	R	U	L	A	D	V
K	G	U	W	P	R	I	N	E	K	D	Q	H	D	U	M	E	B	K
I	Z	H	N	X	E	U	N	J	Y	A	U	D	Q	A	R	P	S	P
A	T	H	X	B	P	W	I	D	O	X	D	L	Y	G	A	U	B	D
P	T	Q	Z	F	U	U	R	M	K	R	H	B	F	Q	P	R	A	W
W	E	V	O	L	O	Q	E	L	U	R	E	A	L	E	I	L	O	A
R	O	U	J	M	R	K	D	Q	F	U	X	V	R	C	E	M	Q	B
Z	Y	U	U	A	T	M	E	G	G	U	Q	D	K	L	A	F	Z	G
D	X	N	H	T	D	Z	G	W	J	Y	N	I	G	N	N	R	I	D
E	Q	S	H	A	D	S	N	L	M	L	N	K	J	W	C	N	R	D
A	V	Z	L	D	E	O	A	W	G	O	Z	T	Y	Z	H	Z	Q	E
M	M	I	B	O	O	Q	K	E	E	O	J	U	C	T	G	K	P	N
G	C	J	M	R	W	G	S	S	B	F	O	Z	G	Z	O	B	M	H
V	C	Z	F	S	A	W	U	F	Q	N	Y	D	I	V	R	W	Y	F
R	V	T	E	L	L	M	E	F	E	R	V	B	T	D	D	K	N	A
W	H	H	X	Q	L	E	X	G	M	G	K	M	E	R	U	D	S	E
E	M	M	M	V	L	U	P	J	A	S	A	I	R	A	M	B	T	Z
J	O	C	U	I	H	O	N	S	I	X	P	E	L	E	P	P	I	N
A	B	A	N	V	W	F	A	Z	D	W	A	T	N	A	S	I	T	S
M	H	G	C	Y	U	D	A	N	A	X	T	D	N	E	K	E	E	W
A	L	U	S	K	R	R	D	V	L	B	U	P	U	X	J	Z	M	R
I	S	M	K	G	B	V	L	X	I	Q	J	Y	L	Y	D	G	L	H
C	B	P	F	Q	G	B	K	D	M	A	R	P	I	B	U	T	V	R
A	Q	T	G	X	X	X	C	U	H	A	N	O	T	H	E	R	J	E

13

1980 Hits

MAYBE
SUN OF JAMAICA
ANOTHER BRICK IN
THE WALL
ITS REAL GOOD
FEELING
WEEKEND

DER NIPPEL
FUNKYTOWN
XANADU
SANTA MARIA
WOMAN IN LOVE
SUPER TROUPER
MATADOR

```
K J O E O W I M S D C G O K F T A E K
E B Y I L S B V A A S W S T G K P D H
K Q Z Y K G I E T H R Q P T S A P X Q
I C N D C D E N V S A A K T I R L F U
L R N I Q B D U H F P R H K V D E Y V
L E R Q R N E S H Q C E B P Y A G N L
I K W Y S I R P H M A B P A Y S A R G
F L I Q O M M J U I H S B K H H T I U
S O L V K N A C O N N O R I T I E Y D
E W L A T Q N X H C B Y W A R A W O M
M Y I G L Y N Q M N S S N O A N K M K
I Q A D S J F S W B C U I F B B P C F
K E M P U V F I R Q E D W H N U C T A
V B S X J M D G L S P V A P E H S M N
R S M F Q Y W N T C X E V G G N S W I
G I S E L E J I H K Y Q B V E W I M T
U X U X J W H Y S J S Z M H W Q V R
I N E H C D N E U B O I B S O Q M U A
O B M N A T P U C W T B C Y J X H C M
O E F X G O S L I N J E A N E T T E M
B J G O Q O W Y X G E L F Q R I J E T
I C W D I K M L D R S N E A G H T J G
A N I T S I R H C O F T W U M J K N W
J R F F M Q X W X R O N A L D I N H O
```

14

1980
geboren

ARTHUR ABRAHAM
JEANETTE BIEDERMANN
RONALDINHO
WOLKE HEGENBARTH
SARAH CONNOR
SIBEL KEKILLI

VENUS WILLIAMS
GISELE BUENDCHEN
MARTINA HINGIS
KIM KARDASHIAN
RYON GOSLIN
CHRISTINA APPLEGATE

```
S H A D D A P Y G R E Y T T N M O S A
T F H W A N C W G Q B I I O L H F T L
T A I N T E D Z L T W W T U N E V O L
B U E C N A D B R N N Y L I N I W K S
Q Q U M H J B U I P G L S B H X G M U
W X E Q Y A X M B R Z O T J X M T H P
A E R Y Y W C P I U D V A E D F K O T
W I D J W O B W F J W E R J T A K L W
V N T M S V I L T B W R S P T C Y P M
B G M H G N T Y C O X D Y S A E D I D
T H Q I E J O C J O Y O U J L P B Y V
I O E P N U L R M B C W E I Z D U E
S T Y H X E X S Y N P N C T T O U S V
H H E V P G O E A N G E L T T R B N I
Z Z S O T T F Z X S C W E L D G O F
G N C H W Y E W K Y L I R B E G K V Y
X A M A O Z Q W O Q P P V V M Q D E T
T H G H M A U J Q R Y F K A Z D Y H R
D G Q E A I U F J M N O U K D E A G O
L D O Q N R O N G P O L O N A E S E F
M T R E W A A H L J Q G Y O T E D F U
L O C I Q E V Y X Q Z C Z O R P D I D
T P B Y T F O U P Y K E F I J F K A D
D H G E E S E N E K N A L B N T L K F
```

15

1981 Hits

WOMAN IN LOVE
ANGEL OF MINE
FADE TO GREY
SHADDAP YOU FACE
IN THE AIR TONIGHT
STARS ON FORTYFIVE

BETTE DAVIS EYES
DANCE LITTLE BIRD
TAINTED LOVE
POLONAESE
BLANKENESE

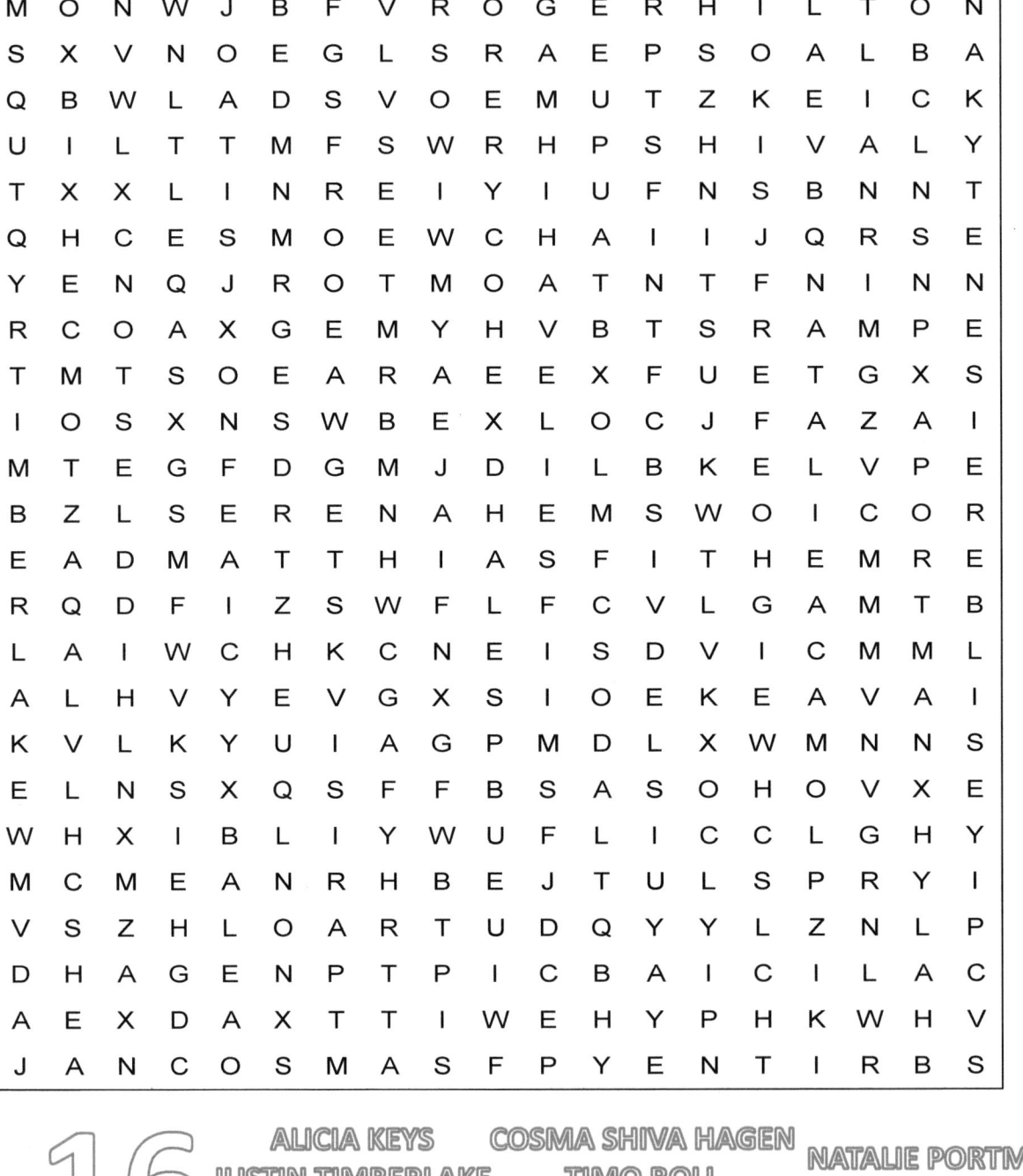

```
M O N W J B F V R O G E R H I L T O N
S X V N O E G L S R A E P S O A L B A
Q B W L A D S V O E M U T Z K E I C K
U I L T T M F S W R H P S H I V A L Y
T X X L I N R E I Y I U F N S B N N T
Q H C E S M O E W C H A I I J Q R S E
Y E N Q J R O T M O A T N T F N I N N
R C O A X G E M Y H V B T S R A M P E
T M T S O E A R A E E X F U E T G X S
I O S X N S W B E X L O C J F A Z A I
M T E G F D G M J D I L B K E L V P E
B Z L S E R E N A H E M S W O I C O R
E A D M A T T H I A S F I T H E M R E
R Q D F I Z S W F L F C V L G A M T B
L A I W C H K C N E I S D V I C M M L
A L H V Y E V G X S I O E K E A V A I
K V L K Y U I A G P M D L X W M N N S
E L N S X Q S F F B S A S O H O V X E
W H X I B L I Y W U F L I C C L G H Y
M C M E A N R H B E J T U L S P R Y I
V S Z H L O A R T U D Q Y Y L Z N L P
D H A G E N P T P I C B A I C I L A C
A E X D A X T T I W E H Y P H K W H V
J A N C O S M A S F P Y E N T I R B S
```

16

1981 geboren

ALICIA KEYS
JUSTIN TIMBERLAKE
TOM HIDDLESTON
PARIS HILTON
JAN BOEHMERMANN
LLEYTON HEWITT

COSMA SHIVA HAGEN
TIMO BOLL
MATTHIAS SCHWEIGHOEFER
JESSICA ALBA
MAXIMILIAN MUTZKE

NATALIE PORTMAN
FLORIAN SILBEREISE
ROGER FEDERER
SERENA WILLIAMS
BRITNEY SPEARS

```
B P C K D B M U V U U R Y D P A C A O
J C X L L S L M P S X M W T K O Y T Y
O B S V U G I Z K L S O H R G V K G N
I T Q U V S Z A S F T M Z S V B O D M
R M R Z H I N X R P R Y Y K M M Q K D
B Q R Y K D C I G I A O H K D Y Z W A
J C V M A J E H Y Z A S M D E I W S A
L Z Z L K D G B U U Z Y S A R I H P L
J W Y G E I I R K S O U E W X V E X G
E V C N N S Q V R D R O K R C K F L C
W X F A S D A G I R Y F A S U O L B N
X O C C B Y H Y Z O M O D D Q M Q O B
Q R H E L P F K E W C A I K M M U M U
Q E B V T R U H B O L F I M G I C I P
N D S Z A C V S R C M S V D N S O Q M
N D O Z H D O R R V J M E C E S R W G
T G M P N I O K E M S G N E N A L A F
H C R A D P M R P U E S K A I R E N I
W J A A Q J M E S Y V B X V B N A T C
S Y O T W S J A C W L N O V Z Y N F L
N T T Z C F I L Q S K L B P R P S F U
X K T T Q T Y L E H D W I O U H Q Z A
Y N O B E V M Y X N G M V W L O E T L
V I M E B Q B A X S O I R T C T Y H U
```

17

1982
Hits

ONE OF US
SKANDAL IM SPERRBEZIRK
DER KOMMISSAR
EIN BISSCHEN FRIEDEN
EBONY AND IVORY

MAID OF ORLEANS
ICH WILL SPASS
ADIOS AMOR
WORDS
DO YOU REALLY
WANT TO HURT ME

F	Z	M	W	B	S	L	Z	Z	L	G	T	E	O	Q	X	T	H	E
H	F	B	L	L	G	X	M	Z	M	C	X	U	Z	C	P	S	F	J
J	B	E	C	S	Z	Y	R	Y	W	P	H	E	L	V	V	O	Q	N
O	Y	H	U	J	Y	N	F	K	Z	J	N	V	C	M	C	Y	V	Z
F	Y	D	Z	W	D	G	D	A	E	I	K	W	S	O	Z	S	O	Z
A	G	N	S	O	T	C	Y	A	T	U	E	T	P	Q	L	Q	S	Z
R	G	Z	L	V	T	V	I	S	N	T	W	Y	G	L	I	G	C	N
I	N	G	W	H	M	L	U	V	E	I	D	A	N	F	Q	Z	U	A
M	I	A	J	Z	X	J	O	K	S	U	U	X	S	F	W	C	G	S
M	L	R	H	X	M	C	S	M	N	N	W	E	B	W	D	E	K	P
P	L	V	O	E	N	Y	N	S	U	L	G	L	E	P	N	T	M	D
Q	I	X	B	V	N	I	T	E	F	P	X	P	A	M	I	I	O	C
J	H	L	O	T	D	V	Y	M	T	C	I	Q	A	H	N	T	A	X
S	C	A	L	R	C	N	O	J	I	S	Z	H	C	E	E	E	F	E
Y	S	H	V	D	W	T	J	V	R	O	R	V	K	C	H	Z	G	Q
H	P	B	K	L	T	P	X	V	E	C	J	I	T	Z	P	R	L	O
M	E	K	A	S	K	R	F	F	D	U	V	K	K	Z	C	Z	F	L
N	C	M	T	Q	F	I	U	O	U	Q	I	K	Y	R	I	U	B	N
Q	A	G	P	W	O	Y	P	F	T	J	K	L	M	D	T	E	I	W
V	E	I	B	E	G	S	T	E	I	N	K	J	R	V	Q	V	O	V
J	X	A	Y	D	N	A	S	X	A	C	B	W	A	S	W	B	S	C
W	K	M	Z	O	J	W	S	Q	G	H	I	T	R	O	Z	P	H	U
I	V	J	X	K	C	I	D	D	O	R	Y	U	D	H	A	D	Q	Z
I	R	X	I	T	L	A	P	M	G	F	J	N	N	H	S	V	O	Z

1982
geboren

TOM SCHILLING
AXEL STEIN
KIRSTEN DUNST

JUSTINE HENIN
GIL OFARIM
ANDY RODDICK

```
B R U T T O S O Z I A L P R O D U K T
J K P Q J A X D D J H C H Y Y X U C P
K D E Q I A W E D S U N S H I N E A N
J H Q F W R H P J W Z Z D P K S R N E
E R E G G A E O I P E R R F Y L V D U
C A H A Q J H V R S M F O C O D O S N
L Z D F J U L I E T M N T P K B M T U
G O X M R G N U C T I N T C Y R Z A N
V Z Z A C Y D T B O P R P Q O L P Y D
C R D J O L B G O H D A A F N U L I N
U Q F O M H G Q B O W V T Z B C A K E
S V E R E S A U S E S C H R I T T N U
L M L W P E H Q H G D J V D S P V J N
I U J H X Z U R P X X O M V P L P A Z
E M F F I A E F F P J L V M Z O B Y I
M H O T Y A M R M U A K O B X S D R G
E G Q S B T C Y Z F I O O Q A T J O Q
P S H H T A P H P A G S J H J W R K J
N W N Y Z K L H O J R J K E H A T O V
U L U D A T D L N P M V C M Z S N I Y
I J C J Y C X O O O I Y A E O E I E C
V C F M C E C X T N B N B N I Z X B P
W J I L I K E Z S A S D O C B R U J E
H B T R D Z Z Z B D F X Z A X N P Z G
```

19

1983 Hits

MAJOR TOM
NEUNUNDNEUNZIG
LUFTBALLONS
TOO SHY
BRUTTOSOZIALPRODUKT
COME BACK AND STAY

JULIET
BABY JANE
CODO DUESE IM
SAUSESCHRITT
SUNSHINE REGGAE
ILIKE CHOPIN

```
J C E T Q H Q N E D D E T I Y D Q Y L
V R E M F U I I N E D W O N S Y M A P
H T M L I E Z L P S K P B N E L H P C
Q A O B T L V V R Y J T G F W M I I F
X R D S L V Y W X I F I J E F L K Q Y
H V V M O U S O A G K Y S W I L L I L
V E P E J D N Z B V E U O H H N V Z K
K S U L H I B T C O O N P N J H U V L
G A P F D U G K H K Y V N K A F O A
X F U F E R Y Z E O M D I R Z H R B A
X M N W I R E N M I C H A E L A Y M S
P T P B B V I D N F Q Y N L M Z D D L
F N V P K W U I N K R A M K L A W S Z
S L J Z P I L U Y A R F S G R Y O N V
S P L N M B O I N E X E V Z N X N K E
Z D R R T V O P F J T E Z V D S R W Q
F H N C P D Y E X C A W L Y Z E L E K
Q Q K U R L A S Q H M Z X A T B H G W
D S P A F H O I M F Y C B S K Z Y R Q
N Q W F C B F E M T F P R S Z C T V M
L D H S X M P A O J M O O U K P C Z C
E Z U Q W H Y C A Y F D N A I R O L F
L R T L Q E I C K U M L A U F K F C Z
O I J W R Y Y Z Z F D B F X O D X E R
```

20

1983
geboren

MARK FORSTER
EMILY BLUNT
EDWARD SNOWDEN
ALEXANDER KLAWS
AMY WINEHOUSE

KLAAS HEUFER UMLAUF
FLORIAN MAYER
MICHAELA SCHAEFER
PHILIP LAHM

```
O Q H T R O H B F R E L E Z T D R W R
D N E S C R E L A X P L Q B I A P X K
H B C A D D W O E Z P Y Q T I J T V S
V E E N N F E M E O Z L F N D D T O X
O O E G H V W O E L Y R B Y R N Z H J
N D P F I D M P K U P X Z J Q N V D O
E Q H S D N K M B S F O C W Y R L H X
P T D E N K S N M C T G E B F G T C V
Y O T L M I Q L I T N I Z P I M A H A
M U F F I C F N K C R T E B C S Q M E
B E S V N A V R E A C H I S M X S G G
I O I M D V W U W R Y L P E N O Z H J
G J N Y Y G O F F N X V F H G E U B C
W Z M L U Y B A N M Q J G M G Z J T B
E S D H Y S L Z S X I D N Z Z B P A Q
D R P F E L T K I B K M A J H P P I Y
V J A B Q K B W S J U D P Z Z E N Y W
O L I S O S H A S Q H V A I K U S G U
F R N C P O V P V E H I J W U S A R R
T A G B O B S D S A E Q N W H E N E G
K K F F K A M W C Q P M L Z Y V Z N W
W Z B F M T W O H I G H J I A N G E L
K A O J J A O D L O R T N O C B T N R
Q U Q L J T S B L Y T U N F G Y I B D
```

21

**1984
Hits**

JENSEITS VON EDEN
ONLY YOU
RELAX
BIG IN JAPAN
PEOPLE ARE PEOPLE
SEND ME AN ANGEL

SELF CONTROL
TWO TRIBES
HIGH ENERGY
REACH OUT
WHEN THE RAIN
BEGINS TO FALL

D	S	C	H	W	E	I	N	S	T	E	I	G	E	R	C	G	W	X
E	E	W	K	Y	W	V	B	W	S	N	E	W	C	V	U	V	R	D
C	K	D	R	A	H	C	I	R	D	W	E	A	D	Q	N	L	Q	R
Q	O	V	W	C	O	O	W	I	Y	I	Y	E	N	D	Y	V	C	K
G	K	I	B	E	A	S	R	X	S	Y	H	A	F	A	J	J	L	U
W	F	G	D	V	S	A	H	S	Z	W	A	L	X	H	O	L	K	I
E	L	K	O	F	K	A	M	T	U	T	Z	P	Y	L	H	G	G	A
A	L	S	A	I	B	U	J	X	Q	I	L	P	K	K	N	Y	L	B
N	X	S	V	W	E	X	B	R	N	X	X	O	D	E	N	N	B	R
N	H	A	N	L	Y	K	J	U	T	A	S	Y	V	C	Y	F	I	L
H	L	C	L	Z	G	N	F	O	R	L	I	Z	U	D	N	F	H	B
G	J	E	O	R	D	D	H	R	N	T	Y	C	R	T	R	L	V	Y
V	R	J	P	V	V	D	O	L	Q	A	O	O	S	O	O	V	S	C
B	W	S	E	S	Z	F	E	W	T	C	B	N	H	P	J	L	B	S
W	B	G	H	N	I	W	C	D	E	B	Y	A	E	Y	L	O	U	T
U	B	F	A	A	H	M	U	N	Y	M	F	A	L	H	H	T	S	V
Q	Q	N	D	N	Q	N	X	U	C	X	A	D	E	Z	S	V	N	E
B	A	D	K	E	D	J	A	O	N	W	C	F	N	M	O	D	U	L
B	Y	G	C	M	A	H	R	I	N	E	G	Q	E	S	E	V	N	U
M	N	U	D	I	H	K	I	T	T	C	X	Z	V	N	K	W	Q	A
R	A	Y	I	I	X	C	M	D	M	S	F	R	N	A	V	H	Z	P
F	I	S	C	H	E	R	B	J	V	V	A	Q	Q	D	I	O	V	L
A	Q	J	A	Q	M	A	I	L	L	I	W	B	P	D	X	O	S	A
J	O	K	S	A	C	E	E	E	E	Y	N	X	W	N	D	T	F	K

22

1984

geboren:

BASTIAN SCHWEINSTEIGER

HELENE FISCHER

gestorben:

JOHNNY WEISSMUELLER

RICHARD BURTON

INDIRA GANDHI

PAUL DAHLKE

WILLIAM VOLTZ

RAY KROC

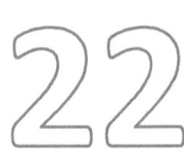

S	H	U	X	M	A	P	Q	N	N	J	K	C	Y	C	I	I	W	M
T	A	L	O	E	L	I	W	D	B	K	C	S	O	I	T	J	F	Q
M	T	M	N	Y	V	Q	G	X	V	J	E	R	L	O	R	K	B	W
K	D	H	T	R	N	Q	N	I	W	H	E	M	Z	X	U	Y	O	J
S	V	E	Z	S	O	C	T	Y	B	H	D	X	T	H	E	Z	Y	E
I	K	Z	V	O	I	C	U	Z	I	N	D	O	Z	A	B	D	S	V
C	M	J	U	T	L	R	K	N	X	Y	O	J	K	A	L	H	H	H
C	H	W	Z	Q	G	N	H	I	W	F	D	M	I	L	N	I	O	D
J	S	O	Y	O	U	R	R	C	B	C	N	O	W	L	G	W	U	O
S	Y	N	Y	C	H	E	R	I	N	I	N	E	W	Q	I	N	T	N
M	T	K	W	W	A	M	X	U	G	E	T	W	E	P	G	L	A	T
A	N	O	T	H	E	R	W	U	M	W	E	S	B	T	I	S	Y	C
A	G	N	C	P	T	N	A	W	E	J	H	E	O	U	E	O	Z	Y
A	K	C	U	O	G	U	B	H	X	X	Z	V	B	R	S	N	E	X
N	S	J	A	L	P	K	V	P	O	Y	O	I	R	T	C	H	I	W
C	A	N	A	M	A	D	E	U	S	B	L	L	I	B	T	A	W	N
N	F	I	T	Y	U	T	I	O	C	H	E	R	I	E	Z	B	E	T
E	Z	O	G	M	P	K	O	K	G	N	A	B	E	R	J	R	H	X
T	F	M	A	G	D	A	L	E	N	A	L	A	M	G	M	G	W	D
R	C	I	P	H	F	W	A	H	I	E	Y	U	C	A	I	P	E	B
A	L	Q	L	C	V	V	E	J	E	I	A	D	R	N	T	E	E	D
E	I	U	Y	O	U	R	E	E	J	W	N	I	A	B	N	F	V	O
H	G	J	O	I	O	H	R	K	G	W	A	F	G	L	N	I	Y	N
C	U	X	R	S	P	P	Z	C	E	R	U	O	Y	P	L	E	S	H

23

**1985
Hits**

THE WILD BOYS
DO THEY KNOW ITS
CHRISTMAS
ONE NIGHT IN BANGKOK
SHOUT
YOURE MY HEART
YOURE MY SOUL

LIVE IS LIFE
YOU CAN WIN IF YOU WANT
NINETEEN
ROCK ME AMADEUS
WE DONT NEED ANOTHER HERO
MARIA MAGDALENA
CHERI CHERI LADY

T	W	C	M	J	M	S	U	E	Q	F	E	K	N	O	U	R	M	B
E	S	A	K	U	E	B	L	B	O	E	C	K	P	G	N	O	O	I
S	G	K	W	Q	J	R	Z	R	D	T	C	X	F	O	I	N	R	H
I	F	M	A	R	I	O	N	E	N	I	A	C	G	E	C	A	W	Z
S	S	Q	M	I	I	C	G	Y	Z	V	E	H	N	B	O	L	L	P
S	B	X	T	I	S	N	R	W	Z	J	G	L	U	F	B	D	P	L
A	J	V	H	I	C	O	K	H	A	C	N	F	W	F	X	O	M	E
N	I	P	R	A	S	H	Z	A	G	C	Y	L	S	F	X	A	E	I
O	E	K	O	B	K	K	A	U	D	M	H	S	D	I	R	P	C	N
K	B	H	E	D	E	Y	P	E	J	W	T	Z	I	S	Q	A	A	A
Z	L	R	X	L	O	E	B	I	L	X	R	W	S	W	B	R	Z	D
K	G	N	K	Y	P	L	F	W	H	D	Z	Q	C	U	E	Q	Y	F
A	Q	K	C	T	X	T	S	T	V	K	K	A	R	F	D	L	S	I
B	O	U	S	P	W	H	X	K	W	C	I	T	A	O	G	T	L	Q
R	G	D	A	X	J	G	S	H	I	Z	P	H	W	R	A	O	C	G
U	A	R	K	N	O	I	K	A	E	W	T	I	P	N	I	W	D	Y
N	O	H	U	Z	G	N	K	M	H	G	A	N	M	H	J	E	T	E
O	R	H	L	P	Z	K	O	I	F	Q	P	A	H	O	O	G	K	W
L	F	A	E	Q	X	G	Q	L	D	S	V	A	E	F	V	R	C	X
F	W	H	C	H	R	I	S	T	I	A	N	O	U	S	A	Y	U	Y
Z	Q	H	B	N	Y	T	Z	O	X	Z	W	E	S	P	L	E	H	P
E	O	J	G	Z	V	N	Z	N	B	I	C	T	T	K	T	U	Z	R
N	J	X	L	Y	Y	K	M	P	V	Y	N	R	F	T	Y	R	G	B
O	B	Z	Q	B	I	E	D	F	X	K	E	O	P	H	Z	S	Z	R

1985
geboren

LEWIS HAMILTON
ATHINA ONASSIS
CHRISTIANO
RONALDO
KEIRA KNIGHTLEY
STAN WAWRINKA

LUKAS PODOLSKI
NICO ROSBERG
MICHAEL PHELPS
MARIO GOMEZ
DANIEL KUEBLBOECK
BRUNO MARS

```
N N Y A C R X W C N Q I A L A U H S F
B R N T E I J M C H M L F K Y Q Y Q E
A M S H G J J D N W H T W T D J D R B
H E N G I G E I L H N H T Y M O A L Z
O X Z I T H C P Y G U J N M S Y L J A
L E Q N G M S L N W Y O X I S M H K E
I G O D K Q O D N B K C I B F R S H J
D A N I J K G A A H D S S Y P A B O F
A R I M L Y N W E L J B K Q D I R L F
Y K N A H B I Y J F N H T V V F O C B
H O W O N C L S Q P A M N H F J T S H
W O M O B O L D R E T Q Z C C M H J Z
M E H W G M A W Q W D H I T A U E C Q
P Z V U F I C Q A V J O V J F W R L Y
M U A X E N B T T D T A E H T U C O Q
U B F O U G F J T T C R Z X W L B U A
N I W E J H Q N S M Y D N E V O L I S
N S T E K I L F N W O D T N U O C E N
D T J B K K Y E H U M Y V H O M V L O
F I N A L E M H R A P I H H N M Z X S
S X S I T N A L T A H A R D B R N E S
O C N W E I H D B B W A W V H P U A E
I Q U H W M E G Y P T I A N D S R L L
H N T S X Q F A M M E D G E P G K L P
```

25

1986 Hits

JEANNY
BROTHER LOUIE
GEIL
MIDNIGHT LADY
ATLANTIS IS CALLING
LESSONS IN LOVE

HOLIDAY RAP
RAGE HARD
THE FINAL COUNTDOWN
COMING HOME
IN THE ARMY NOW
WALK LIKE AN EGYPTIAN

```
U K A B Y R Y H D D Q Q C I E V X C A
G F Q L B J Y D A N I E L A R S Y W L
O E L H R R E D N A X E L A K R A Y H
U V T X B Z W M E E S Q K M T N N O U
R I T K E X W Z U E N Q P J K C R L I
Q R Z F V L O R Y M O S R F R J L S K
D K X L E O X Q F V T L H M I S C H A
L R G W H W Y T A I R L T W B C T P C
J H A W X F P W R D A O O N T F O W L
O K G C Y S Z A Z U B B O F Y R J C J
H X A J D I F T H O V S G B F V N N N
M M M F C A V F O X I Y D I A U C D V
E Y E K E M F F N Y L C U D X I N Y Y
S B I L A K N F N A R G S Y Y V H C N
V R T R A G U Q B O Q O I J B I T S O
S M Q F D L P E V M L C E K F D C D H
L I V N X Y O A C O L Y I Z Z S V R T
J N U W Q U N M P T U A D P D H Q T K
I C J Y F H K V A X E E D G O S A E K
L Q H L O H A N C L G I B A L X B J G
K H E V R Q Q F T B P I D M N X Y J W
I P U T L L Z Y A S D N I L N D N S F
R E G R E B N E Z T A K M J A W F Y H
N G Z D M Z W V C A R N X L O L B Y T
```

26

**1986
geboren**

MISCHA BARTON
LADY GAGA
ALEXANDER RYBAK
RAFAEL NADAL

SHIA LABEOUF
LINDSAY LOHAN
DANIELA
KATZENBERGER

```
H O W U E W Y G N S X L U U D P U I B
C N L Z L E V I G P W L O T H R C O J
X A J F B J K W G U A G A I N J N V Y
E I U R A M P J L O I F F R K I O E O
B D O E T D H M P V N E I M T Y A W X
T H Y V C S X U M Q T N M A A Q K P P
B O D E E P L U D K V O A G N M M Z D
P Q O N P Q J A D U F U E F H P P A I
T O B E S A F I I S C O P H O G S T J
R I E H E N N Y R S T Y K U P K D J X
D S M W R E B E Y F E D T A O I M A F
E T O E R G V T B F V T I W K X C A W
E A S U E E I C O K Z D B S R E F D M
N Y O B N L V X Y V M J W O V C U X H
E Y V I A O U A A R Y Q L M B N K M Y
G K S E I M L B N F W B W E K A D C T
A A R C T S N W N F H I Q B J D V Y W
Y M E S I H F B A V T P D O Q S C I S
O O A T S W E X W H X P O D I V K H K
V A J I Y X Z S I I P C F Y X C O W O
K C L X L K D Y C Z F V X Z N W I R V
L X B U L C C V E N X I C S I N I W D
T U E N F E F F L J B C O N R T V G J
J C J A A P R D A U M V G U F R C T Z
```

27

1987 Hits

SHOWING OUT
REALITY
STAY
RESPECTABLE
YOU'RE THE VOICE
LA ISLA BONITA

IWANNA DANCE
WITH SOMEBODY
ITS ASIN
VOYAGE VOYAGE
NEVER GONNA GIVE
YOU UP

YOU WIN AGAIN
WHENEVER YOU
NEED
SOMEBODY

```
Z L G S O G W R J H J D N K D X C J J
I A R X T A A Y X J I Z P B D X M A L
N V Z L E T T E V T Q Q T I W M A J L
P M N V K G U D Y B O Z O O X R V O M
C A R T E R H Q A L N I A S O L H Y N
C B M N F A C G P S S F S N B X W T A
E R X I E O I T B S C U E T D C L P X
C M Q W R O V R E C X V C F W Y T Y F
F C Y O N A O M A X N S A F A E F K A
Y A R N B R K U V M C E V Z C R L J K
Y T M E F U O H N H A S O E H C R A Q
O A V M C N J M A H E B N C U F S Q T
I I R W C A D R S B Y L I C M I U X L
J F N R D L A E A X D L L O T F Q G W
V V U A U P K S E Y H P B H E D E X H
H P V F O M T T V E O S M D C T M N Y
F V J W I I O C O G Z U K E P I Z K R
T N A A A Z B R G I E V S M L Y T R V
Z R C N B B F A S K A D T V Q E M D D
R I Z F H R S J D T T D E H H H X Q M
N O R F E Y G Y Q L S U M M F H C V Z
K W Q A C Z Z P E E D L I O N E L C P
B C O L J A V K J E M F X Z R B I P O
A B W I J V Z G L X X V M R W W C O D
```

1987
geboren

KESHA
MARIA SCHARAPOWA
ANDY MURRAY
NOVAC DJOKOVIC
LIONEL MESSI

SEBASTIAN VETTEL
MENOWIN
FROEHLICH
ZAC EFRON
AARON CARTER

```
N F T X W J W O N K T H N J A Q M I S
Q J U S F U E W H Y V M R D T I I K I
O X A P I R A F O V Z D F X E U N I N
P Y O U C S U U S E L L A Q G E D M E
O D T V Y A H B Z W N Z N A Q P N W P
A G E P D G L O D V Y C G E J J B C K
O J L Y O Y K Y U N T O H D L I K E V
N Y L J B X R I N L N A E N N X M S Z
C N G E E M K C T S D D B H E A R T I
V I D U M Y L Q F M M O O I T S P E Y
K B A D O E N F I Y K S N N U J J I K
I N L R S R R I N H J C G E T R H K J
O N R Y M A L N I H T D P F G T K B P
P Z I W L D N A H E L M L R H N V U A
C Z G W Y Y A G V A U L O E J E T P S
H S A H H L P V R R C H V Y J M I V J
I Y O E J R K P N T K I E X Q O M B T
S L G N R P R A A T Y S A Y T M E O Z
M E N E Y M L J W H O K U S O I J R Q
L I A V T E N O W O K R I W B X K P W
O U T E R J Z V X I R W K E P O W K P
I I A R U E L L E A T R J F H X M Y H
H A I F E V V Y H X P X Y W K T D K S
W H H A N D R Y T F X K V T B Q N O B
```

29

1988 Hits

WHENEVER YOU NEED
SOMEBODY
ALWAYS ON MY MIND
MY LOVE IS ATANGO
TELL IT TO MY HEART
ISHOULD BE SO LUCKY

HEART
ELLA ELLE LA
THE TWIST
GIRL YOU KNOW ITS TRUE
HAND IN HAND
ONE MOMENT IN TIME
DONT WORRY BE HAPPY

```
Z X S F E H X C N Z Z R U F F C B A B
M D M W W M Y A H H U J N K F Y A W Q Y
Y V S C B N G Q B U L M A H L K N K Y
O O   F X O A F L L I A P U A J S Y N
M A C E E T N I O M G M P H Y H I L A
L P P R M F A B D J A N L I Z E O P N
B W G O F O R C L T P P R B M R Y T G
W E B R F E R H S U M R X O E B S B E
S E O Y C Z M E H G L B S L F K X L L
V I D H W A Z E J P O L F C E Y J R I
V N T P U Z N J S N M E T R E L X E Q
R A D L T H I E G U L W B G F G O G U
I L G N D V F H L I T E X Q J X Q N E
H E D J L F Y U X M R K T S F E A I Y
A M Y Q S F J Q R J N M L L B D C S M
N N R Y Z O H B C E N E N U E H Q E L
N L X L N C H I Y W M U D L D U C I L
A G E R C K E O M M B X E R V Y M G W
R E L L E U M E U H A F B W P O O O W
F S P L H H R H I M O M S O F V X Z O
W Y H B X N B Q A I M D B M P N Q W G
S T K W B U H C R B H H A Q P L E F I
P R W S H O Y V N A V T L E W V S U V
X R H V Z G O A T E N G X L V J H X I
```

```
P  L  T  I  M  E  Q  S  X  G  Y  G  G  J  C  A  F  A  Z
E  F  J  J  O  D  B  G  Y  I  Z  N  V  E  O  M  E  N  L
O  R  U  N  A  S  H  F  I  T  X  H  K  G  B  V  I  H  T
I  Q  H  S  M  Z  B  S  T  C  T  I  S  G  O  J  F  C  T
I  Y  K  H  O  N  S  Q  A  D  L  W  Q  A  Q  T  G  X  B
M  H  N  F  I  R  S  T  E  A  I  N  T  U  A  N  T  A  T
R  V  T  V  V  O  P  K  D  N  B  W  K  I  I  C  O  E  E
O  G  Q  E  Y  G  H  A  G  O  Y  K  K  K  P  S  C  S  N
F  C  U  E  M  Y  B  F  F  D  A  A  O  Q  C  J  Z  O  O
Q  L  P  Y  L  M  T  A  B  O  Z  O  R  C  J  Q  V  A  V
X  D  F  A  A  I  O  I  S  O  L  D  X  U  I  L  I  O  W
I  L  R  L  U  A  H  I  G  M  P  P  P  V  E  B  J  Y  I
U  G  D  M  H  L  B  N  N  N  Y  R  M  R  Q  Y  I  O  P
R  E  H  T  O  N  A  I  I  F  F  I  Q  M  Q  V  Y  R  K
K  A  P  R  A  Y  E  R  H  O  L  E  H  T  M  V  A  W  N
X  A  C  H  E  A  R  T  T  F  M  K  Q  C  K  B  D  M  L
W  Q  D  R  D  O  C  P  E  C  G  C  Y  V  C  O  N  X  U
F  A  Q  G  C  I  A  H  M  U  K  R  W  E  A  D  O  N  I
N  H  S  T  N  R  I  O  O  A  F  T  Q  B  C  M  N  L  V
W  S  J  N  A  F  Q  L  S  U  J  Y  H  D  S  K  V  K  T
F  I  P  D  N  N  C  D  F  I  Q  M  F  U  O  U  B  R  H
E  R  I  I  Q  T  F  E  H  F  G  G  R  Y  Y  X  K  U  E
K  S  M  O  D  E  E  R  F  O  S  S  P  U  M  Y  Q  A  M
E  F  T  N  B  P  V  V  P  C  N  V  X  P  K  B  I  W  X  T
```

31

1989 Hits

FIRST TIME
SOMETHINGS
GOTTEN HOLD OF
MY HEART
LOOKING FOR
FREEDOM

THE LOOK
DAS OMEN
SWING THE MOOD
LAMBADA
ANOTHER DAY IN
PARADISE
LIKE APRAYER

```
Q U B T K M X F V W E Y V H L U N P R
D A N I E L A I Q S T N N R T D N U C
A H O X D C H D A Z M Z Y C A R A D R
M C S T U K J H K D G E M D H H M L K
R O P A G Q W C Q Y S C J F V O Z M U
A V M L A S S T E F A N I E G X N O R
D F K L R D O P N R R K I E G P I C O
C G S A N R K H O A J S W F L K E K E
L F A M X G O S Y D O E R V O J H R K
I W T O Y T K X A R E I O I T E Y I U
F S T H S Z J I F U W D L G W M X D L
F V I T Z L H I L K O J Y Y G B Y G H
E O N D F P Z J F X R C A O C L I E R
W A E J O Q A Q G T T A T F P X O S K
J U W S V C B J L E X O T N N T U X Y
K A F X G N N U X D Z J M Q Y N O I L
B L Z T L Y O Z N T X Q Q L Q E E K P G
Q Q L X V V O S I W C Y B W E S T J D
Q F O I N J V L I E Y U T F I W S M R
T P N O B G U Z R B L K A U L I T Z F
A T X H Y A O C K P A G D K A T H F C
O B K M K C O F L P B D L E O A V N R
B S Q H Y C F B L A I O Y P H H G U G
R U Y A C U G L Z C J A U L Z X C Q G
```

32

1989 geboren

STEFANIE HEINZMANN
LUKE MOCKRIDGE
DANIEL RADCLIFFE
BILL KAULITZ

TOM KAULITZ
SOPHIA THOMALLA
TAYLOR SWIFT

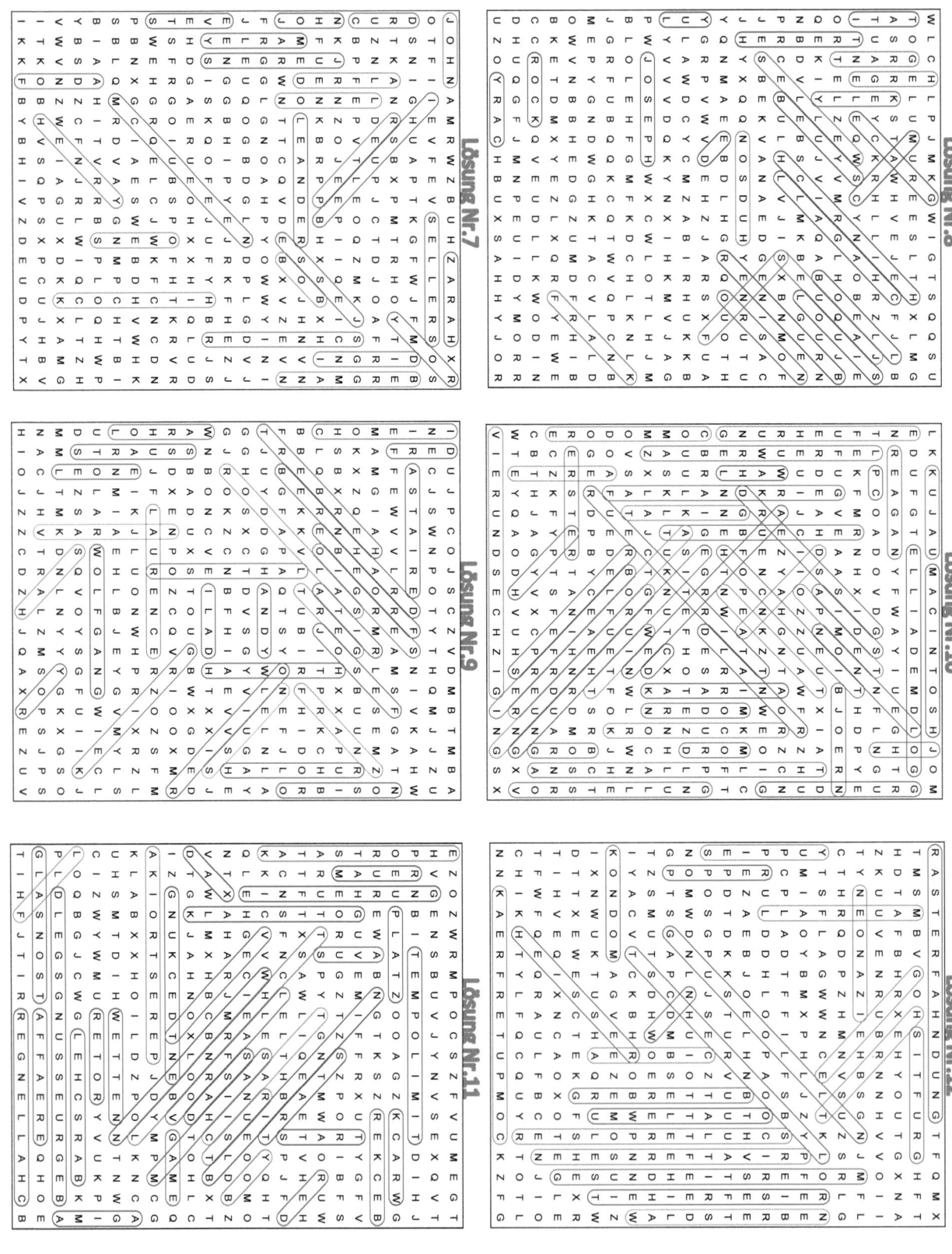

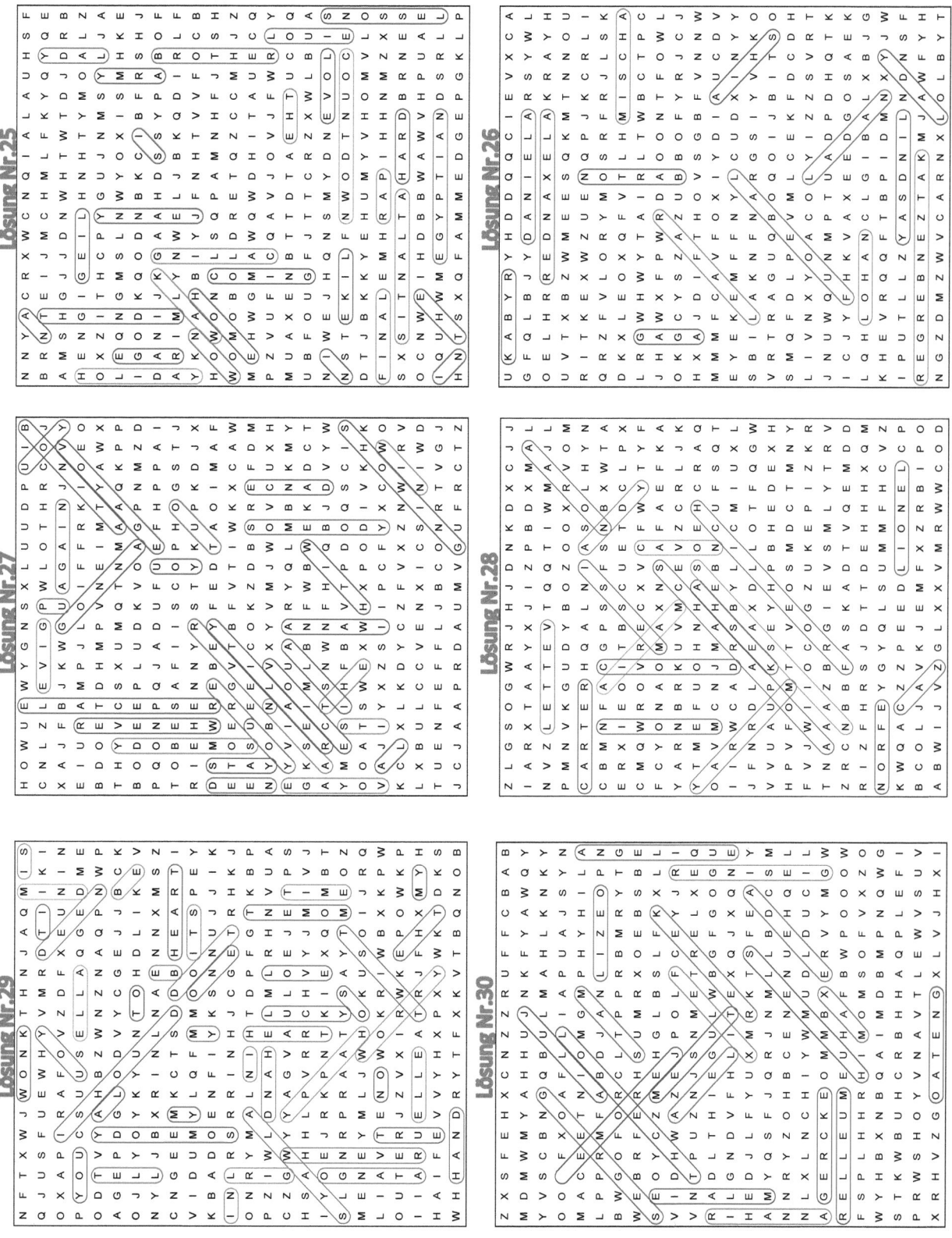

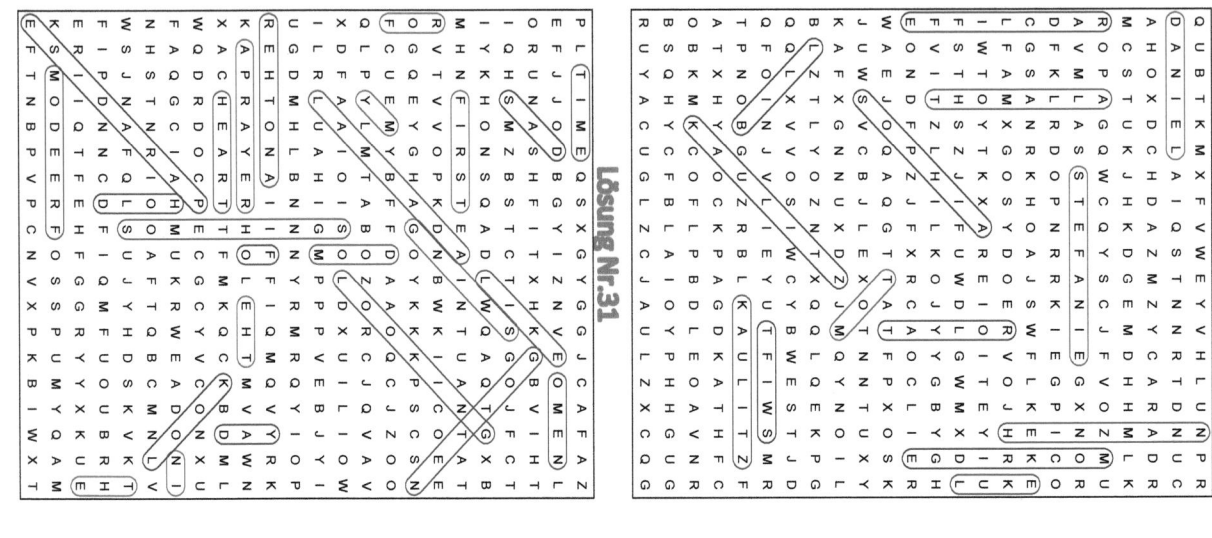

Weitere Wortsuchrätsel Bücher von Brian Gagg:

History		Jahreszeiten und -ereignisse
1970iger Jahre	SQUASH	FRÜHLING
1980iger Jahre	TENNIS	SOMMER
1990iger Jahre	TISCHTENNIS	HERBST
1980iger Jahre Retrospaß	VOLLEYBALL	WINTER
1.WELTKRIEG	**Familie und Beziehungen**	WEIHNACHTEN
2.WELTKRIEG	MUTTER	OSTERN
Sport	VATER	HALLOWEEN
ANGELN	SCHWESTER	GEBURTSTAG
BADMINTON	BRUDER	**Religion**
BASKETBALL	OMA	BIBELVERSE
BOWLING	OPA	**Orte**
EISHOCKEY	FREUNDSCHAFT	BERLIN
FALLSCHIRMSPRINGEN	LIEBESZITATE	MALLORCA
FELDHOCKEY	**Freizeit und Hobbies**	**Sonstiges**
FUßBALL	GRILLEN	GLÜCK
GOLF	SKAT	UFO
HANDBALL	URLAUB	SCIENCE FICTION
MINIGOLF	SMARTPHONE und HANDY	HORROR
POKERN	AUTOMARKEN	KRANKENPFLEGE
RADSPORT	BLUMEN	KRIMINALITÄT
REITSPORT	GARTEN	LEHRER
SCHACH	HUNDE	SCHULE
SCHWIMMSPORT	KATZEN	LUSTIGE SCHIMPFWORTE
SKI SPORT		
SPORTARTEN		